Así nace una mariposa

Santillana

Título original: *Starting Life Butterfly*

2105 NW 86th Avenue, Miami, FL 33122
www.santillanausa.com

Autor: Claire Llewellyn
Ilustrador: Simon Mendez
Dirección Editorial: Ruth Hooper
Diseño: Rebecca Painter
Asesoría científica: Robert y Valerie Davies
Traducción: María Cristina Giraldo

ISBN: 1-59437-788-X

Impreso en China

03 04 05 06 07 08 09 10 10 9 8 7 6 5 4 3 2 1

Así nace una mariposa

Claire Llewellyn
Ilustraciones de Simon Mendez

En una cálida tarde de verano, una mariposa monarca pone sus huevos. Los pone en una planta de algodoncillo; un huevo en cada hoja jugosa.

Las monarcas ponen sus huevos en estas plantas para que sirvan de alimento a sus crías o "larvas".

La hembra se aleja después de poner los huevos. No se queda a cuidar a sus larvas.

El huevo

Los huevos de mariposa tienen cascarones duros. El cascarón protege a la criatura que crece en su interior hasta que sale del huevo.

Escarabajo rojo del algodoncillo

Huevo

Una hembra pone unos 400 huevos. Quedan pegados de manera segura, ocultos bajo las hojas.

A los cuatro días, de los huevos salen orugas. Las diminutas criaturas están muy hambrientas. Primero se comen el cascarón de su huevo. Luego se alimentan de la planta.

Cuando la oruga está lista para salir, los huevos cambian de color blanco a café.

Las orugas recién nacidas son muy pequeñas. Tienen la cabeza negra y el cuerpo pálido.

Oruga monarca

El algodoncillo contiene un veneno. El veneno no les hace daño a las orugas, ¡pero les da un mal sabor para que los depredadores no las molesten!

Las orugas crecen y cambian rápidamente. Pronto se llenan de rayas negras, blancas y amarillas.

Insecto asesino

Insecto del algodoncillo

Los colores llamativos de la oruga monarca advierten a los depredadores que la criatura es venenosa. Los insectos asesinos sí pueden comérselas, pues a ellos el veneno no les hace daño.

La segunda etapa en la vida de una mariposa es cuando es oruga.

La vida de una oruga

El cuerpo de la oruga es alargado, suave y segmentado. Se compone de tres partes principales: cabeza, tórax y abdomen.

El abdomen está formado por once segmentos. Cinco de ellos tienen ganchos llamados "patas falsas", que sostienen a la oruga cuando se prende de un tallo.

El tórax está formado por tres segmentos, cada uno con un par de patas.

Ñam, ñam, ñam…
—hoja tras hoja, tras hoja, una oruga nunca para de comer. Toda esa comida la hace crecer muy rápido, y pronto su piel comienza a quedarle pequeña.

Las plantas de algodoncillo son muy altas y tienen muchas hojas jugosas.

Las orugas apenas se mueven para comer. Devoran una hoja, y luego se arrastran hasta otra.

Algunas avispas ponen su huevos en el cuerpo de una oruga. De estos huev salen pequeñas larvas qu se alimentan de la orug y la matan.

Avispa bracónida

Un día, ¡pop! Su piel revienta. Por debajo hay una nueva piel, suave y más grande. Las orugas sólo pueden crecer cambiando de piel; en total, cambian cinco veces.

La oruga crece a una velocidad asombrosa. Después de dos semanas es 50 veces más grande que cuando salió del huevo.

Cuando la oruga sale de su vieja piel, ya viene con una piel nueva, con mucho espacio para crecer. La vieja piel es rica en nutrientes, así que la oruga se la come.

Después de dos semanas, la oruga ha terminado de crecer. Deja de comer, hila un suave cojincillo de seda y se cuelga con la cabeza para abajo. Su piel rayada se rasga por última vez.

Fase 1
La oruga está lista para convertirse en crisálida. Se pega a un tallo y se cuelga formando con su cuerpo una J.

Ahora la oruga se ve muy diferente. Se ha convertido en una funda dura llamada crisálida.

La crisálida no se mueve ni come, ¡pero tiene mucha vida!

Fase 4
La crisálida se endurece y toma un color metálico oscuro.

Fase 3
La nueva crisálida es de color verde pálido, y muy suave.

Fase 2
La oruga cambia de piel por última vez. Debajo de su vieja piel se puede ver la crisálida.

La crisálida cuelga del tallo por dos semanas. Casi siempre está quieta, pero de vez en cuando se sacude un poco. Adentro suceden grandes cambios. Pronto, a través de sus paredes, se pueden ver colores vivos: negro, blanco y naranja encendido.

Una mariposa tarda unas dos semanas en desarrollarse dentro de la crisálida. Luego está lista para salir.

Una nueva mariposa

Un día, la funda seca se abre y una nueva criatura sale con dificultad. ¡Es la mariposa monarca! La monarca ha tenido muchos cambios.

Esta forma especial de crecer y cambiar se llama metamorfosis.

La mariposa abre sus alas para que se sequen al sol.

La mariposa sale de la crisálida con dificultad. Sus alas están húmedas y arrugadas, y está muy cansada.

La nueva mariposa tiene un cuerpo delicado, con tres pares de patas y dividido en tres partes: cabeza, tórax y abdomen. Tiene cuatro alas de colores que están cubiertas de escamas brillantes.

Mariposa monarca macho

Las mariposas tienen enormes ojos llamados "ojos compuestos", formados por miles de lentes diminutos.

Es fácil distinguir al macho de la hembra. El macho tiene un punto negro en cada una de sus alas traseras. La hembra, no.

La monarca tiene dos pares de alas. Mide unas 4 pulgadas (10 cm) de punta a punta, que puede ser la medida del ancho de tu mano.

Las mariposas pertenecen al grupo de animales llamados insectos. Los insectos tienen el cuerpo dividido en tres partes, y poseen tres pares de patas.

La mariposa tiene dos antenas largas en la cabeza que detectan los olores y movimientos en el aire. Tiene dos ojos grandes, llenos de lentes pequeñísimos que la ayudan a ver por todos lados.

La mariposa tiene seis patas terminadas en diminutas garras que le sirven para prenderse de las flores y los tallos.

Las mariposas son adultas. No necesitan alimento para crecer. Lo necesitan para reparar su cuerpo y para darle el combustible para el vuelo.

Las mariposas se alimentan de néctar, el jugo azucarado que hay dentro de las flores. Ven las flores desde lo alto, luego se posan sobre sus pétalos y, con los sensores gustativos de sus patas, buscan el néctar. Entonces desenroscan sus lenguas en forma de popote, y chupan el néctar.

El olor del néctar es tan dulce como el de la miel. Las mariposas detectan su aroma en el aire con las antenas.

Flores de gordolobo

El algodoncillo se marchita a finales del verano, por lo que las monarcas se alimentan de otras flores, como las de gordolobo y liátride. Las mariposas van perdiendo su protección porque, sin el algodoncillo, ¡ya no saben tan mal!

Alimento como combustible

A principios del verano, las monarcas se alimentan de las flores del algodoncillo. Su veneno las protege al darles un sabor amargo.

La mariposa se alimenta a través de un tubo llamado probóscide, que es hueco como un popote, o sorbete. La mariposa enrolla su probóscide cuando no la está usando.

Las mariposas monarcas ponen huevos durante todo el verano. Cada semana, nuevas orugas salen de los huevos y nuevas mariposas vuelan por el aire. Al acercarse los frescos días de otoño, las mariposas más viejas mueren. Pero las nuevas emprenden un viaje largo, llamado migración, hacia tierras más cálidas.

En el camino hacia su refugio de invierno, las monarcas vuelan en enormes grupos sobre ciudades, bosques, montañas y desiertos.

Las mariposas vuelan hacia el suroeste en los días cálidos y soleados, rumbo a California o México.

En otoño, las monarcas vuelan hacia el sur, recorriendo hasta 3,000 millas (4,800 km) en su viaje a México y California. Nuevas monarcas hacen el viaje cada año. Ninguna lo hace dos veces. Entonces, ¿cómo conocen el camino? ¿Y cómo es que llegan tan lejos? Los científicos aún no lo saben.

Las monarcas son expertas en viajar con el viento. Algunos días viajan hasta 124 millas (200 km).

Durante los meses de invierno, las mariposas se refugian en bosques montañosos. Se perchan juntas, como pájaros, sobre los troncos y las ramas de los árboles. Millones de mariposas aglomeradas se sumergen en un sueño invernal conocido como hibernación.

Las monarcas se perchan sobre los abetos, agarrándose de la corteza y las agujas con las garritas de sus patas.

Un ratón de campo arrastra una monarca hacia su madriguera para alimentar a su cría.

Cuando están hibernando, las mariposas también corren peligro. El veneno de su cuerpo, que las protegía, casi ha desaparecido. Ahora son un apetitoso banquete para pájaros y ratones hambrientos del bosque, que vienen a comer hasta saciarse.

Tordo cabeza café

Las mariposas que quedan hacia el centro se calientan más que las de afuera. También están más a salvo de ratones y pájaros.

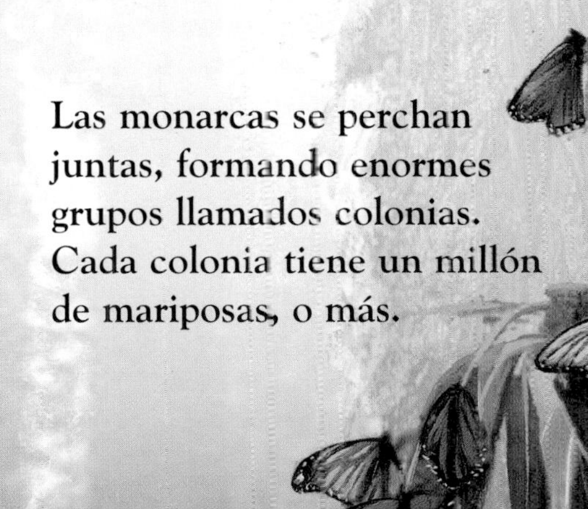

Las monarcas se perchan juntas, formando enormes grupos llamados colonias. Cada colonia tiene un millón de mariposas, o más.

Muchos pájaros se alimentan de monarcas que están hibernando. Algunos sólo se comen el abdomen y dejan las alas, que aún son venenosas.

Pico grueso de cabeza negra

Después de cinco fríos meses, regresa la primavera. Los días son más largos y soleados, y las monarcas empiezan a revolotear. Pronto, millones de ellas vuelan por el aire y, en un deslumbrante alboroto de brillantes alas, los machos y las hembras se aparean.

A principios de abril, las hembras buscan las plantas de algodoncillo y comienzan a poner sus huevos.

Las mariposas se alimentan de las flores de la primavera para acumular combustible para su viaje de regreso al norte.

Las mariposas dejan el bosque y vuelan al norte, a tierras más frescas. Se detienen a menudo para alimentarse en flores de dulce aroma. Una de las hembras ve una planta de algodoncillo. Al posarse y poner su primer huevo, comienza la vida de una nueva mariposa.

El algodoncillo crece en lugares muy diferentes. Mientras exista algondoncillo, ¡siempre habrá muchas monarcas!

Monarca macho

Glosario e índice

Abdomen Parte trasera del cuerpo de un insecto, al otro lado del tórax. El abdomen contiene el corazón y otros órganos importantes. 7, 14, 21

Antenas Los dos filamentos sobre la cabeza de una mariposa que detectan olores y movimientos en el aire. 15, 16

Colonia Grupo de animales que viven juntos. 21

Crisálida Etapa de la vida de una mariposa en la que se transforma de oruga a adulta. 10-13

Depredador Animal que mata y se come a otros animales. 5, 6

Hibernación Sueño largo y profundo que ayuda a las monarcas y a otros animales a sobrevivir durante el invierno. (*Hibernar*) 20, 21

Insectos Grupo de animales, que incluye mariposas, hormigas y escarabajos, cuyos cuerpos tienen tres partes y tres pares de patas articuladas. 6, 14

Metamorfosis Cambio de un animal joven a adulto, por ejemplo, de oruga a mariposa. 13

Migración Viaje largo realizado por algunos animales en ciertas estaciones del año. 18

Néctar Jugo dulce del interior de las flores del que se alimentan las mariposas. 16

Patas falsas Pequeños ganchos en el abdomen de la oruga que sostienen su cuerpo. No se mueven como las patas verdaderas. 7

Perchar Posarse sobre un palo o una rama, como las mariposas cuando van a dormir. 20, 2

Probóscide La lengua larga de una mariposa. 17

Sensor Algo que puede detectar un cambio. 16

Tórax Parte central del cuerpo de un insecto en donde se unen las patas y las alas. Se halla entre la cabeza y el abdomen. 7, 14

Ciclo de vida de una mariposa

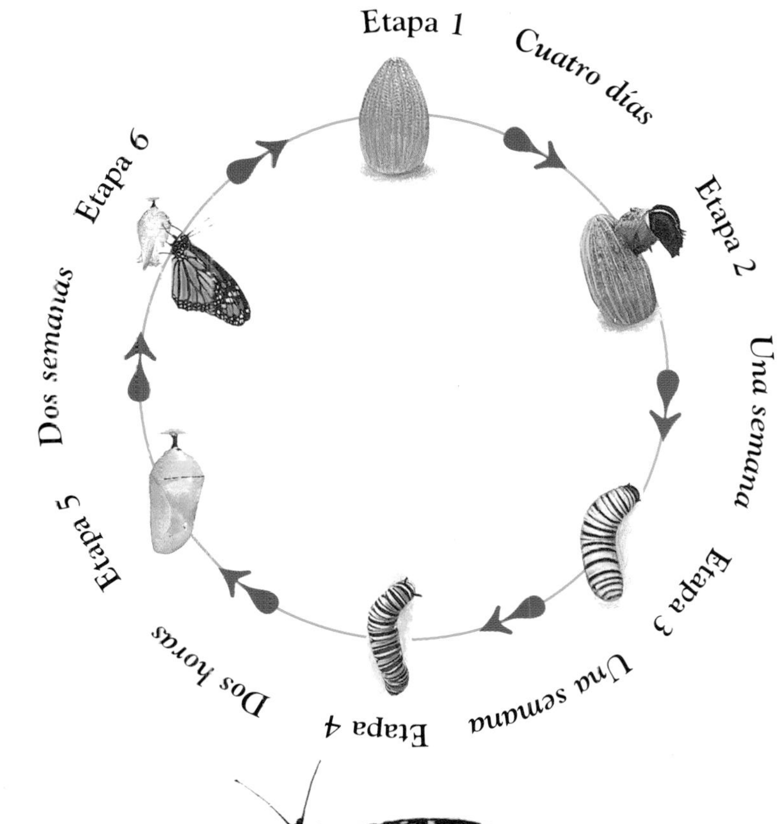